Die Sehnsucht nach Frieden
ist gross in den Herzen der heutigen Menschen.
Aber keiner von uns ist in der rechten Weise
mit dem Problem des Friedens beschäftigt,
wenn sich ihm dabei nicht fort und fort
die Frage aufdrängt: Was tust denn du in
deinem Bereich für den Frieden?
Wie sieht es in deinem Herzen aus?
Lässt du den Geist des Friedens in ihm mächtig
werden über den Geist der Welt?

Jesus kommt zu dir in der
Adventszeit und sagt: Hilf mir! Ich brauche dich,
ich, der Geist, der in der Welt kämpft und ringt.
Mehre meine Wunder. Steh mitten in dem
Kämpfen und Ringen. Und wenn du mit mir
kämpfst und ringst – selig wirst du.

Advent ist nicht nur die freudige
Zeit des Harrens auf das Weihnachtsfest,
sondern es ist auch die ernste Zeit des Nachdenkens über das Kommen des Reiches Gottes.

In der Adventszeit muss ich mich
immer fragen: Was gibst du den Menschen,
die um dich herum leben, mit denen du etwas
zu tun hast? Inwiefern bereitest du dem Herrn
ebene Bahn zu ihren Herzen dadurch,
dass sie etwas von seinem Geiste,
von seiner Freundlichkeit, von seiner Milde
in dir spüren? Und oft muss ich mich
noch fragen, ob ich nicht, statt dem Herrn
bei ihnen ebene Bahn zu bereiten,
ihm Hindernisse geschafft habe,
und dass sie um meinetwillen vielleicht
Bitterkeit im Herzen tragen und deswegen
nicht recht Advent feiern.

In dieser heiligen Zeit,
da entzündet sich an dem Geheimnis der
Menschwerdung Christi das Geheimnis
unseres eigenen Menschseins.
Das ist die tiefe Bedeutung des Advents,
dass an dem Dasein Jesu uns die Bedeutung
unseres eigenen Daseins aufgeht.

Albert Schweitzer

FRIEDE
AUF ERDEN

Verlag Paul Haupt Bern Stuttgart Wien

Zusammengestellt für den Schweizer Hilfsverein für das
Albert-Schweitzer-Spital in Lambarene in Zusammenarbeit
mit der Kommission für das Geistige Werk
Albert Schweitzers von R. Brüllmann

Titelbild: Helen Enggist

© Schweizer Hilfsverein für das Albert-Schweitzer-Spital
   in Lambarene 1994

ISBN 3-258-05025-2

Wenn ich so das Allgemeinste
des Advents aussprechen sollte,
dann möchte ich sagen: Jesus hat den Menschen
Mut gemacht, dem Guten nachzustreben.
Jesus ist die Kraft zum Guten, die Kraft,
in der wir alles tun können.

So kann ein Mensch nur dann
segenvoll sein Dasein durchleben,
wenn er sich in dem geschäftigen Alltagsgetriebe
Stunden erübrigt, wo er bei sich selbst Einkehr
hält, wo er sich wie ein Mensch, der eine
lange Strecke wandelt, zur Dämmerstunde
auf den Meilenstein setzt, einen Augenblick
verschnauft und sich fragt: Wohin geht denn
der Weg, warum wandle ich ihn?
Diese gesegnete Dämmerzeit, das ist Adventszeit.

Christus, das Geistwesen,
musste Mensch werden, um sich zu bewähren.
Das ist das Geheimnis seines Menschendaseins. –
Ein Adventsgeheimnis?

Der Advent ist die Zeit,
wo unser Glaube, unser Hoffen und unsere Liebe
sich in uns verjüngen, neu auferstehen.

Im Advent wird uns
das Gewohnte neu. Darin liegt der Segen
dieser wundervollen Zeit.

Es liegt eine unaussprechliche
Weihe über dieser Zeit, eine Weihe,
der sich kein Mensch entziehen kann: die Weihe
des Geheimnisses der Menschwerdung Christi.

Werdet fromm, dann habt ihr
einen bleibenden Schatz in eurem Herzen
im Vergleich zu dem alle irdische Weihnachstgabe
nur ein vergängliches Sinnbild ist.

Weihnachten. Was ist's,
das wir feiern? Die Erlösung durch die Liebe,
das Kommen des Menschen, der uns diese
Erlösung brachte.

Seitdem Christus in die Welt gekommen ist, ist die Menschheit dem grossen Frieden näher gekommen.

Heiliger Abend. Wer könnte denn lebendiger und herrlicher predigen als die Dämmerung, die sich jetzt über die Erde zu breiten beginnt und in der Jesus jedes Haus, jedes Stockwerk betritt. Wo er sonst verschlossene Türen findet, trifft er sie offen; wo sonst gleichgültige Herzen sich ihm verschliessen, heisst es heute: Komm herein, du Freudengast. – Ich möchte jetzt nicht daran denken, dass er nur in die gute Stube aufgenommen wird und dass, wenn nach Neujahr die Nadeln des Tannenbaumes abzufallen beginnen und man ihn hinausstellt, auch der Herr Jesus gehen muss.

Weihnachten ist das schönste Fest der Welt. Die Geschenke, die man sich überall gibt, sind Bilder der Güte Gottes, seiner Güte für uns.

Jedesmal wenn auf Erden Friede, Liebe und Versöhnung die Herzen der Menschen bewegen, dann ist das Himmelreich nahe.

Mit Jesus beginnt eine neue Welt- und Menschheitsschöpfung. Wir wissen, dass die erste Weltschöpfung nicht auf einen Tag vollendet gewesen, sondern Tausende und Tausende von Jahren gedauert. Als die, die bald zweitausend Jahre nach Jesus leben, wissen wir auch, dass die neue Weltschöpfung – die Schöpfung der durch die Liebe erlösten Welt und Menschheit – auch Tausende von Jahren braucht.

An der Freude, die du bringst, entzündet sich dein Herz.

Was muss das für eine Freude sein, die auch dem Schmerz und der Not und den Tränen gilt? Sie muss so tief sein, dass unsere irdische Freude nur ein Abbild davon ist.

Die rechte Weihnachtsfreude
ist das Ergriffenwerden von der Sehnsucht nach
dem Geiste Jesu

Wir sagen: Weihnachten
ist ein Familienfest – und mit Recht.
Aber ich frage mich, ob es für uns nicht
zu sehr nur Familienfest ist und ob dieses
beschauliche Glück uns nicht hindert,
das Weihnachtsfest auch als das höhere
Familienfest zu feiern mit den Nächsten
im Sinne Jesu, mit den Brüdern und Schwestern,
die er uns gegeben hat, mit denen,
die seiner bedürfen und denen wir als
seine Brüder und Schwestern angehören.

Das Himmelreich
ist ewige Weihnachten.

Tritt als ein ernster und freudiger
Mensch, wie die Kinder, noch im Zauber des
Weihnachtsfestes ins neue Jahr ein.

So viele erfahren nicht,
was Friede ist, weil sie meinen, er komme
von selbst, und nicht wissen, dass man Arbeit
tun muss an sich selbst, damit der Friede sich in
uns einsenken und Wurzeln fassen könne.

Du suchst Frieden. Willst du ihn,
so musst du dich dazu bereiten.

Es kann kein Friede kommen,
wenn wir ihn nicht suchen.

Der Friede ist ein Stück vom Reich
Gottes und liegt tief, tief in dir, wie alles, was
vom Reich Gottes ist, im Tiefsten deines Herzens.

Niemand kann Frieden stiften,
der in dem, was er für den Frieden tut,
sich über die andern erhebt, sondern nur die
sind es imstande, die alles, was sie tun,
in einer schönen Selbstverständlichkeit und
Natürlichkeit geschehen lassen.

Friede des Herzens
heisst nicht nur Ruhe, sondern er schliesst eine
gewisse Freudigkeit und Heiterkeit in sich,
die aus uns herausscheint und auf die andern
wirkt.

Schaff Frieden in dein Herz,
dann kommt er ins Haus.

Es kann einer die schönsten
Melodien in sich tragen; er bringt aber keine
Symphonie zustande, wenn er nicht die Regeln
der Harmonie kennt und weiss, wie man
die einzelnen Instrumente behandelt. So gehört
zum Frieden, dass du mit den Menschen
umzugehen weisst und nach den Grundregeln
der Harmonielehre handelst.

Nur durch das Wunder,
dass der Geist des Friedens in der Menschheit
wach wird, kann sie vor dem Zugrundegehen
bewahrt werden.

Ein grosses Hindernis zum Frieden ist die Empfindlichkeit.

Friede ist nur möglich auf dem Grunde von Offenheit und Entschiedenheit.

Zum Frieden gehören klare Situationen. Für viele bedeutet Friede nur Ruhe um jeden Preis. Du aber lass dich durch das, was du im Leben schon erfahren hast, belehren, dass du nie Friedfertigkeit mit falscher Nachgiebigkeit und Unaufrichtigkeit verwechselst.

Wir brauchen uns nur in unserm Denken, Tun und Reden selbst zu beobachten – und wir wissen alle, worauf es ankommt, um friedfertig zu sein in den Dingen des gewöhnlichen Lebens.

Auf die Verwirklichung des Friedens gehende Gesinnung vermag nur der ethische Geist zu schaffen.

Frieden. Das heisst zunächst
ein genügsames, zufriedenes Herz, ein Herz,
das nicht unersättlich ist. Ferner gehört zum
Frieden Friedfertigkeit. Und doch:
Diese Zufriedenheit und Friedfertigkeit ist nur
ein fahler Widerschein des wahren,
inneren Friedens, das heisst der Stille des Gemüts
in allem, was einem begegnet. Dieser Friede
ist etwas Überirdisches, ein Geschenk
der Gnade Gottes.

Alle miteinander,
soweit wir des rechten Überlegens fähig sind,
halten wir dafür, dass es der Friede ist,
der der Menschheit von jeher notwendig war
und es jetzt in ganz besonderer Weise ist.

Was not tut, ist, dass das rechte
Kommen des Friedens irgendwo seinen Anfang
nehme, sei es auch noch so unscheinbar.
Uns genüge, dass der Geist des Friedens von
unserem Herzen Besitz nehmen will.

Da für uns so viel von der Erhaltung des so schwer bedrohten Friedens abhängt, tut unserer Zeit not, was der Vermeidung des Krieges dient.

Friede besteht in dem Aufhören der unter den Menschen herrschenden Friedlosigkeit überhaupt.

Die Zustände, wie sie in unserer Zeit gegeben sind, erlauben uns nicht mehr, unsere Hoffnung auf den natürlichen Verlauf der Dinge zu setzen. Sie nötigen uns, einen durch den Geist des Friedens bewirkten Zustand der Menschheit, etwas, das der christlichen Idee des Reiches Gottes entspricht, uns vorzustellen.

Möge uns beschieden sein, dass wir den Geist des Friedens in uns mächtig werden lassen, dass es in uns und in der Welt anfange, Reich Gottes zu werden.

Es ist sicher, dass die Idee
des Friedens, zu der die Menschheit in schweren
Leiden kam, sich verwirklichen wird.

Ich empfinde es immer
als eine Erleichterung, dass Gott mich nicht an
einen Platz gestellt hat, wo ich in die Lage
kommen kann, über Krieg oder Frieden von
Millionen Menschen zu entscheiden.

Bei einer Reihe von Völkern,
die zu einer gewissen Kultur gelangt waren,
ist die Idee, dass einmal ein Friedensreich
kommen müsse, zur Ausbildung gelangt.
Man hat sie als eine Utopie angesehen.
Heute aber liegen die Dinge so,
dass sie irgendwie zur Wirklichkeit werden muss,
wenn die Menschheit nicht untergehen soll.

Die Suche nach dem Reich Gottes
führt zum Frieden, und Friede heisst,
das Reich Gottes schon in sich haben.

Das, was heute not tut, ist das völlige Bemühen um den dauernden Frieden. Dies ist nicht nur das Aufhören kriegerischer Auseinandersetzungen zwischen den Völkern, es besteht in dem Aufhören der unter den Menschen herrschenden Friedlosigkeit überhaupt.

Das Ziel, auf das von jetzt bis in alle Zukunft der Blick gerichtet bleiben muss, ist, dass die Entscheidung in völkerentzweienden Fragen nicht mehr Kriegen überlassen bleibt, sondern friedlich gefunden werden muss.

Wo der tätige und leidende Wille den Frieden mit Gott sucht, da werden Herz und Sinne bewahrt in Christus Jesus, unserm Herrn, da wissen wir miteinander und erkennen es immer mehr, dass er unser Meister ist und spüren den reinen, belebenden Hauch seines Geistes und sind in ihm eins miteinander.

Die Friedensgesinnung,
die durch die Angst vor grausig geführten Kriegen
eingegeben ist, ist nur ein Schattenbild
der wahren. Diese ist erst da vorhanden,
wo das Aufhören der Friedlosigkeit,
der wir durch den Geist der Welt in allen Dingen
unterworfen sind, ersehnt wird.
Dies kann nur statthaben durch das Aufkommen
eines neuen uns beseelenden Geistes.
Dieser kann sich in der Welt nicht kundgeben
und den Kriegen ein Ende machen,
wenn er nicht zuvor in uns Wohnung nahm
und sein Werk anfing.

Die Humanitätsgesinnung
ist das einzige, was einem Volk dem andern
gegenüber die Gewissheit geben kann,
dass es die Macht nicht zum Vernichten
des Gegners gebrauchen wird.

Der Friede Gottes ist nicht Ruhe,
sondern treibende Kraft.

Durch das Christentum ist die Idee eines Reiches des Friedens seit Jahrhunderten unter den Menschen bekannt. Aber sie blieb toter Besitz. Man glaubte nicht, Ernst mit ihr machen zu können. Sie wurde als etwas rein der Religion Angehöriges, das nicht auf die Wirklichkeit angewandt werden könne, angesehen. Tatsächlich aber ist sie etwas, das verwirklicht werden will und verwirklicht werden muss

Ich bekenne mich zu der Überzeugung, dass wir das Problem des Friedens nur lösen können, wenn wir den Krieg aus dem ethischen Grunde, weil er uns der Unmenschlichkeit schuldig werden lässt, verwerfen.

Wer den Frieden wirklich sucht, wird ihn immer finden.

Such zuerst nach dem inneren Frieden – dann erst kann der äussere kommen.

M̈ögen die, welche die Geschicke
der Völker in Händen haben, darauf bedacht sein,
alles zu vermeiden, was die Lage, in der wir uns
befinden, noch schwieriger und gefahrvoller
gestalten könnte. Mögen sie das wundervolle Wort
des Apostels Paulus beherzigen: «Soviel an euch
liegt, habt mit allen Menschen Frieden!»
Es gilt nicht nur den einzelnen, sondern auch
den Völkern. Mögen sie im Bemühen um
die Erhaltung des Friedens miteinander bis an
die äusserste Grenze des Möglichen gehen,
damit dem Geiste der Menschlichkeit und
der Ehrfurcht vor allem Leben zum Erstarken
und zum Wirken Zeit gegeben werde.

Friede Gottes ist nur,
wenn unser Wille in dem unendlichen Ruhe findet.

Nur das Denken,
das die Gesinnung der Ehrfurcht vor dem Leben
zur Macht bringt, ist fähig, den ewigen Frieden
heraufzuführen.

Was ist der Friede Gottes?
Das Stillewerden unseres Willens in dem
unendlichen Willen.

Mit Zuversicht darf man die
Menschen zur Hingabe an den Geist des Friedens
auffordern. Wer es im Ernste tut, wird keine
Enttäuschung erleben, sondern einer Freudigkeit,
die er nicht kannte, teilhaftig werden.

Nur in dem Masse,
als durch den Geist eine Gesinnung des Friedens
in den Völkern aufkommt, können die für die
Erhaltung des Friedens geschaffenen Institutionen
leisten, was von ihnen verlangt und erhofft wird.

Wie gross die Zahl derjenigen
sein wird, die dem Rufe der Zeit, stille Wegbereiter
des Friedens zu werden, Folge geben werden,
wissen wir nicht. Eins aber ist gewiss: dass damit
ein Anfang von dem, was geschehen muss,
gemacht wird.

Unser Weg kann nur einer sein:
Der Weg zum Frieden, zur Harmonie zwischen
uns und allem, was geschieht und ist,
sichtbarlich und unsichtbarlich, zum Frieden,
der sich erneuert aus Freud und Schmerz,
aus Schaffen und Leiden und in dem wir uns
langsam, in der Welt stehend, mit tausend Banden
an sie gebunden, über die Welt erheben und
innerlich frei werden und wissen, dass sie in allem,
was sie bringen kann, nichts über uns vermag.

Den Weg zum Frieden Gottes
müssen wir suchen, solange es Licht ist,
als tätige Menschen, damit wir darauf sind und
darauf weitergehen können, wenn wir ihn
als Leidende weitergehen müssen.

Wir kommen nicht weiter,
wenn wir nicht wieder zu Nationen werden,
die sich gegenseitig achten und gewiss sind,
dass auch die andern menschlich sein können
und Vertrauen verdienen.

Von dem, was in der Gesinnung
der einzelnen und damit in der der Völker
zur Ausbildung gelangt, hängt das Kommen oder
das Ausbleiben des Friedens ab.

Unser tätiger Wille muss
den Frieden Gottes suchen. Und die, die auf
diesem Wege sind und erfahren haben,
was Friede Gottes ist, die können ausblicken auf
was auch kommen mag, wo der leidende Wille
dann sich in den Willen Gottes finden muss.

Der Geist des Friedens will von
unsern Herzen Besitz nehmen. Wer es im
Ernst unternimmt, ihm Gehorsam zu leisten,
wird etwas von Jesu Seligpreisung der Fried-
fertigen erleben.

Je mehr uns
unsere Vernunft in die Unruhe der Fragen des
Seins hineinwirft, desto stärker wird die Sehnsucht
nach dem Frieden.

Unsere Welt braucht nicht nur
Erlösung aus dem äusseren Elend, sondern vom
Elend der Gesinnung. Die Atmosphäre ist schwül.
Es stehen allenthalben Wolken am Himmel.
Die Menschen haben den Glauben
an die Menschen verloren; sie sind innerlich arm
geworden. Dass dies das grösste Elend ist,
wird ihnen mit jedem Jahr klarer werden.
Darum sind die Menschen so nötig,
die Sonnenschein in diese kalte und misstrauische
Gesinnung bringen.

Alle Menschen tragen in ihrer
Eigenschaft als mitempfindende Wesen
die Fähigkeit zur Humanitätsgesinnung in sich.
Sie ist in ihnen als Brennstoff gegeben,
der darauf wartet, durch eine hinzukommende
Flamme entzündet zu werden.

Von euch selbst bekommt ihr keine
neue Kraft, keinen Frieden und keine Freudigkeit.
Der Geist Christi gibt sie euch.

Ich wünsche euch ein Herz,
das keinen Neid kennt. Ist doch der Neid ein Gift,
welches so viele Leben vergiftet und das viel
Unglück anrichtet; darum gehört zum Frieden,
dass ihr euch an dem Glück der andern freuen
könnt.

In dieser Zeit, wo Gewalttätigkeit,
in Lüge gekleidet, so unheimlich wie noch nie
auf dem Throne der Welt sitzt, bleibe ich
dennoch überzeugt, dass Wahrheit, Liebe,
Friedfertigkeit, Sanftmut und Gütigkeit
die Gewalt sind, die über alle Gewalt ist.
Ihnen wird die Welt gehören, wenn nur genug
Menschen die Gedanken der Liebe,
der Wahrheit, der Friedfertigkeit und
der Sanftmut rein und stark und stetig genug
denken und leben.

Meine Bestimmung ist, dem Geist
der Ehrfurcht vor dem Leben, welcher auch der
Geist des Friedens ist, seinen Weg zu bahnen.

Friede ist nicht etwas,
was sich Menschen selbst geben oder anerziehen
können, sondern ein Geschenk der Gnade Gottes.
Darum ist das Höchste, was man einem
Menschen wünschen kann, dass Gott ihm aus
Gnaden den wahren Frieden ins Herz gebe.

Meine Strategie besteht darin,
nie auf einen Angriff einzugehen, welcher Art er
auch sei. Ich habe von je her dies zum Grundsatz
gemacht und treu eingehalten. Gegen das
Schweigen kann niemand auf die Dauer
ankämpfen. Es ist ein unüberwindlicher Gegner.

Jesus mutet den Menschen nicht zu,
dass sie in Worte und Begriffe fassen können,
wer er ist. Als einziges verlangt er von den
Menschen, dass sie in Tun und Leiden sich als
solche bewähren, die durch ihn aus dem Sein wie
die Welt in das Anderssein als die Welt hinein-
gezwungen sind und dadurch seines Friedens
teilhaftig werden.

Dass wir Menschen, dass die Völker, dass die Menschheit immer vollkommener werden, müssen wir als das Ziel des Seins erfassen und innerlich für die Beurteilung unseres Lebens und des Geschehens um uns her und für das, was wir wollen und in dem wir Befriedigung suchen, festhalten. Tun wir es, so ist unser endlicher Geist in Harmonie mit dem unendlichen. Haben wir dieses Sehnen, dann kommen wir zum Frieden Gottes.

Nur dadurch, dass eine neue Gesinnung im Staate waltet, kann er im Innern zum Frieden kommen, nur dadurch, dass eine neue Gesinnung zwischen den Staaten entsteht, kommen sie zur Verständigung und hören auf, einer dem andern Verderben zu bringen.

Das, worauf es ankommt, ist, dass der Geist Jesu als Geist des Verstehens und der Liebe in die Welt kommt und in ihr mächtig wird.

Verstehen und Vertrauen,
in denen wir uns gegenseitig auf das
Zweckmässigste einigen und durch die wir
so viel Macht über die Umstände bekommen,
als immer möglich ist, sind nur vorhanden,
wenn alle bei allen Ehrfurcht vor der Existenz
des andern und Rücksicht auf sein materielles
und geistiges Wohlergehen als eine von
innen heraus bei ihnen wirkende Gesinnung
voraussetzen können.

Das Bewusstsein,
dass wir miteinander Menschen sind,
ist uns in Kriegen und Politik
abhanden gekommen. Wir kamen dazu,
miteinander nur noch als Angehörige
verbündeter oder gegnerischer Völker zu
verkehren und in den sich daraus ergebenden
Ansichten, Vorurteilen, Zuneigungen und
Abneigungen gefangen zu bleiben.
Nun heisst es wiederentdecken, dass wir
miteinander Menschen sind.

Wer sich ethischer Welt- und Lebensbejahung ergeben hat, dem ist die Zukunft des Menschen und der Menschheit Gegenstand der Sorge und des Hoffens. Von diesem Sorgen und Hoffen frei zu werden, ist Armut; ihm ausgeliefert zu sein, ist Reichtum.

Regeln über Friedensschlüsse, mögen sie noch so gut gemeint und noch so gut formuliert sein, vermögen nichts. Nur das Denken, das die Gesinnung der Ehrfurcht vor dem Leben zur Macht bringt, ist fähig, den ewigen Frieden heraufzuführen.

Friede im Haus ist die unfassbare Musik, die aus dem Herzen seiner Bewohner heraustönt.

Ein Mensch mit Frieden der Seele ist wie eine Sonne im Haus, die Nebel und Wolken aufzehrt.

Bücher von Albert Schweitzer

Afrikanische Geschichten, 1985, Haupt
Aufsätze zur Musik, 1988, Bärenreiter
Aus meinem Leben und Denken, 1986, Fischer-Taschenbuch
Aus meiner Kindheit und Jugendzeit, 1985, Haupt
Briefe und Erinnerungen an Musiker (Hrsg. H. Schützeichel), 1989, Haupt
Das Abendmahl 1983, Olms
Das Christentum und die Weltreligionen. Das Problem der Ethik in der Höherentwicklung des menschlichen Denkens. Mit einer Einführung in Schweitzers Denken von U. Neuenschwander, 1984, Beck
Deutsche und französische Orgelbaukunst und Orgelkunst, Nachwort 1927, 1987, Breitkopf & Härtel
Die Ehrfurcht vor dem Leben, 1984, Beck
Die Jahre vor Lambarene, Briefe 1902–1912, Albert Schweitzer – Helene Bresslau, 1992, Beck
Die Mystik des Apostels Paulus, 1981, UTB
Die psychiatrische Beurteilung Jesu, 1994, Olms
Die Religionsphilosophie Kants, 1974, Olms
Die Weltanschauung der indischen Denker, 1965, Beck
Friede oder Atomkrieg, 1984, Beck
Geschichte der Leben-Jesu-Forschung, 1984, UTB
Johann Sebastian Bach, 1967, Breitkopf & Härtel
Kultur und Ethik. Mit Einschluss von «Verfall und Wiederaufbau» 1972, Beck
Mitteilungen aus Lambarene 1913–1914, 1983, Union
Reich Gottes und Christentum, 1967, Mohr
Selbstzeugnisse (Aus meiner Kindheit und Jugendzeit / Zwischen Wasser und Urwald / Briefe aus Lambarene 1924–1927, 1980, Beck
Strassburger Predigten, 1986, Beck
Was sollen wir tun? 12 Predigten über ethische Probleme, 1986, Schneider
Zur Diskussion über Orgelbau, 1977, Merseburger

Bücher mit Albert-Schweitzer-Texten

Albert-Schweitzer-Lesebuch, 1984, Beck (H. Steffahn)
Ausgewählte Kostbarkeiten, 1981, SKV (G. Berron)
Blumen am Wege, 1985, Haupt (R. Brüllmann)
Ehrfurcht vor dem Leben, 1986, Haupt (R. Brüllmann)
Getrost im Alltag, 1984, Haupt (R. Brüllmann)
Glaube, 1982, Haupt (R. Brüllmann)
Hoffen ist Kraft, 1992, Haupt (R. Brüllmann)
Reichtum des Lebens, 1990, Haupt (R. Brüllmann)
Treffende Albert-Schweitzer-Zitate, 1986, Ott (R. Brüllmann)
Trost im Leid, 1989, Haupt (R. Brüllmann)
Vom Sinn des Lebens, 1985, Haupt (R. Brüllmann)
Von Weg und Ziel, 1987, Haupt (R. Brüllmann)
Wie wir überleben können, 1994, Herder (H. Schützeichel)
Worte über das Leben, 1990, Herder (H. Schützeichel)

Jugendbücher über Albert Schweitzer und Lambarene

Bartos B.: Abenteuer, Lambarene, 1989, Überreuter
Brüllmann R.: Albert Schweitzer und die Tiere, 1979, Schweizer Hilfsverein
Hoerni J.+K.: Ein Tag in Abongo, 1986, Haupt
Oswald S.: Im Urwaldspital von Lambarene, 1986, Haupt

Bücher zu Albert Schweitzers Denken und Wirken

Bähr H.W.: Albert Schweitzer, Leben, Werk und Denken,
mitgeteilt in seinen Briefen, 1987, Schneider

Bomze E.: Das neue Lambarene, 1984, Kunz

Bomze E.: Helene Schweitzer: Sein treuster Kamerad, 1984, Kunz

Brüllmann R.: Aus dem Leben und Denken Albert Schweitzers,
1984, Haupt

Brüllmann R. (Hrsg.): Albert-Schweitzer-Studien 1, Beiträge von
M.U.Balsiger, W.A. Gallusser, E. Grässer, H. Schützeichel und
G. Woytt, 1989, Haupt

Brüllmann R. (Hrsg.): Albert-Schweitzer-Studien 2, Beiträge von
H. Baur, C. Günzler, E. Grässer, H. Mai, A. Schweitzer, G. Teutsch,
G. Woytt, 1991, Haupt

Frey C.: Christliche Weltverantwortung bei Albert Schweitzer,
mit Vergleichen zu Dietrich Bonhoeffer, Albert-Schweitzer-Studien 4,
1993, Haupt

Geiser S.: Albert Schweitzer im Emmental, 1987, Haupt

Grässer E.: Albert Schweitzer als Theologe, 1979, Mohr

Günzler C. u.a.: Ethik und Erziehung, 1988, Kohlhammer

Günzler C. u.a.: Albert Schweitzer heute, 1990, Katzmann

Hanheide S.: J.S. Bach im Verständnis Albert Schweitzers,
1991, Katzbichler

Huber L.: Lebendiges Lambarene. Bildband, 1990, Fischer

Kasai K.: Die Bedeutung des Christentums in der heutigen Welt
bei Albert Schweitzer und Paul Tillich, 1980, Haupt

Kleberger I.: Albert Schweitzer. Das Symbol und der Mensch,
1989, Klopp

Lamprecht E.: Albert Schweitzer und die Schweiz, 1982, Juris

Mai H.: Albert Schweitzer und seine Kranken, 1992, Tübinger Chronik

Mai H.: Das Schweitzer-Spital in Lambarene, 1913–1983, 1984, Kunz

Mai H.: Kinderarzt in zwei Erdteilen, 1984, Kunz

Munz W.: Albert Schweitzer im Gedächtnis der Afrikaner und in
meiner Erinnerung, Albert-Schweitzer-Studien 3, 1991, Haupt

Niederstein B.: Kinder- und Jugendbriefe an Albert Schweitzer,
1988, Haupt

Pleitner H.: Das Ende der liberalen Hermeneutik am Beispiel
  Albert Schweitzers, 1992, Francke
Schützeichel H.: Die Konzerttätigkeit Albert Schweitzers, 1991, Haupt
Schützeichel H.: Die Orgel im Leben und Denken Albert Schweitzers,
  1991, Musikwissenschaftliche Verlagsgesellschaft
Schützeichel H.: Die Orgel im Leben und Denken Albert Schweitzers,
  Quellenband, 1992, Schweitzer-Archiv
Seufert K.R.: Das Zeichen von Lambarene, 1988, Loewe
Siefert J.: Meine Arbeitsjahre in Lambarene 1933–1935, 1986
  Tübinger Chronik
Steffahn H.: Albert Schweitzer in Selbstzeugnissen und
  Bilddokumenten, 1979, rororo
Steffahn H.: Du aber folge mir nach. Albert Schweitzer,
  Werk und Wirkung, 1974, Haupt
Wenzel L.: Albert Schweitzer gestern – heute, 1974, Haupt